Björn Gemmer & Christiane Konnertz

Hausaufgaben

– fit in 30 Minuten

Kids auf der Überholspur

Die Deutsche Bibliothek – CIP-Einheitsaufnahme

Ein Titeldatensatz für diese Publikation ist bei Der Deutschen Bibliothek erhältlich.

Herausgeber: Das LernTeam, Marburg
Lektorat: Hille & Schäfer, Freiburg
Illustrationen, Titel und Layout: Ulf Marckwort, Kassel
Illustration Rücktitel: Martina Foßhag, Kassel
Satz: Frank Werner, Kassel
Druck und Verarbeitung: Salzland Druck, Staßfurt

Hinweis:
Dieses Buch ist sorgfältig erarbeitet worden. Dennoch erfolgen alle Angaben ohne Gewähr. Weder Autor noch Verlag können für eventuelle Nachteile oder Schäden, die aus den im Buch gemachten Hinweisen resultieren, eine Haftung übernehmen.

Printed in Germany

www.gabal-verlag.de

ISBN 3-89749-560-0

In 30 Minuten auf die Überholspur!

Dieses Buch ist so konzipiert worden, dass du in kurzer Zeit erfährst, wie du Hausaufgaben besser bewältigen kannst.

- Jedes Kapitel beginnt mit drei zentralen Fragen, die im Verlauf des jeweiligen Kapitels beantwortet werden.
- Zwischendurch lassen dich kleine Aufgaben immer wieder aktiv werden. So kannst du die Tipps gut auf deine Situation beziehen.
- Nach jedem Kapitel werden die wichtigsten Inhalte noch einmal zusammengefasst.

Da dieses Buch so klar und deutlich strukturiert ist, kannst du es immer wieder zur Hand nehmen, um schnell die für dich interessanten Teile zu wiederholen. Das Stichwortregister wird dir dabei eine zusätzliche Hilfe sein.

Inhalt

Hallo und herzlich willkommen!

Hausaufgaben sind lästig! Sie machen keinen Spaß, halten dich von wohlverdienten Freizeitaktivitäten ab und sorgen für Stress mit deinen Eltern. In der Schule musst du dann feststellen, dass du den ganzen Aufwand besser gelassen hättest, denn entweder werden die Hausaufgaben nicht kontrolliert oder du hast sie falsch gemacht!

Könnte diese Einschätzung von dir stammen? Man kann auch anders über Hausaufgaben denken: Untersuchungen haben gezeigt, dass der Lernerfolg umso mehr steigt, je regelmäßiger und häufiger man Hausaufgaben macht. Dafür gibt es gute Gründe:

- Durch die Hausaufgaben rufst du dir das Unterrichtsgeschehen in Erinnerung. Dies ist unbedingt notwendig, damit die Lerninhalte in dein Langzeitgedächtnis gelangen.
- Bei Hausaufgaben bist du zur Selbstständigkeit gezwungen. Du kannst nicht bei jedem kleinen Problem deine Tischnachbarn oder Lehrer fragen. Dadurch lernst du, mit Problemen umzugehen und selbstständig zu handeln.
- Durch das Anfertigen von Hausaufgaben lernst du, konzentriert, ausdauernd und sorgfältig zu arbeiten.
- Das Wissen und die Fertigkeiten, die du beim Bearbeiten deiner Hausaufgaben erlangst, helfen dir schließlich, bei Prüfungen erfolgreich zu sein.

Bei den genannten Vorteilen stellt sich allerdings die Frage, was zuerst da war, das Huhn oder das Ei: Bewirken Hausaufgaben all diese Fertigkeiten oder kannst du deine Hausaufgaben nur dann ordentlich bearbeiten, wenn du die vorteilhaften Fertigkeiten bereits besitzt?
Da diese Frage auch wissenschaftlich noch nicht restlos geklärt ist, haben wir dieses Buch geschrieben. Es soll dir helfen, deine Hausaufgaben selbstständig zu bewältigen und dadurch Erfolg in der Schule zu haben.

Aufbau des Buches

- Im ersten Kapitel stellen wir dir verschiedene Hausaufgabentypen vor. Du wirst dich in der einen oder anderen Beschreibung sicherlich wieder erkennen und dadurch erfahren, welche deiner Hausaufgaben-Gewohnheiten gut und welche schlecht sind.
- Im zweiten und dritten Kapitel lernst du Handwerkszeug kennen, mit dem dir das eigenständige Bearbeiten von Hausaufgaben leichter fallen wird.
- Das vierte Kapitel zeigt dir, wie du deine Hausaufgaben nutzen solltest, um gute Noten zu erzielen.

Viel Spaß und Erfolg wünschen dir

Björn Gemmer & Christiane Konnertz
(www.lernteam.de)

1. Welcher Hausaufgabentyp bist du?

Welche verschiedenen Hausaufgabentypen gibt es?

Welche Eigenschaften der Hausaufgabentypen treffen auf dich zu?

Was solltest du beibehalten und was musst du in Zukunft ändern?

„Die Arbeit ist oft unbequem,
die Faulheit ist es nicht, trotzdem:
Der kleinste Ehrgeiz, hat man ihn,
ist stets der Faulheit vorzuziehn."

Heinz Erhardt

Sicherlich hat die Anfertigung von Hausaufgaben etwas mit Fleiß und Ehrgeiz zu tun. Würde man jedoch all denen, die keine korrekt bearbeiteten Hausaufgaben vorlegen können, Faulheit vorwerfen, würde man es sich zu einfach machen.

Menschen gehen unterschiedlich mit Hausaufgaben um. Auf den folgenden Seiten findest du verschiedene Hausaufgabentypen, die individuelle Verhaltensweisen im Umgang mit Hausaufgaben zeigen.

Aufgabe

Deine Aufgabe ist es nun, die dargestellten Hausaufgabentypen genau zu studieren und dir zu überlegen, welche ihrer Verhaltensweisen und Eigenschaften auch auf dich zutreffen. Kreuze diese an und gewinne einen ersten Eindruck, welchem Hausaufgabentypen du am ehesten entsprichst.
Den Beschreibungen der Typen folgt jeweils eine Einschätzung ihrer Verhaltensweisen. Du erhältst so einen ersten Überblick, warum dein Vorgehen beim Anfertigen von Hausaufgaben sinnvoll oder verbesserungswürdig ist.

utgabentyp

Hans, der Halbherzige

„Eine Idee ist das, was noch nicht genügt."

Manfred Hinrich, Schriftsteller

Steckbrief: Hans

Hans sagen seine Lehrer nach, er sei ein pfiffiges Kerlchen. Dennoch ist sein Zeugnis eher mittelmäßig. Insbesondere sein Arbeitsverhalten wird immer wieder kritisiert.

- Hans schreibt nur auf, was er für wichtig hält.
- Wenn er eine Matheaufgabe oder eine Grammatikregel verstanden hat, löst er dazu zuhause sicherlich keine zusätzlichen Aufgaben.
- Findet Hans eine Aufgabe interessant, notiert er sie sich und bearbeitet sie zu Hause. Dabei kommt es ihm aber nicht darauf an, dass die Aufgabe gut nachvollziehbar im Heft steht. Wenn Hans einen Lösungsansatz oder eine gute Idee gefunden hat, genügt ihm das. Er glaubt, dass der Rest kein Problem mehr für ihn ist.
- Hans führt keine Hefte. Das hält er für kindisch. Er schreibt Notizen in seinen College-Block und heftet die Blätter irgendwann in einen Ordner. Er vergisst das Abheften aber oft und nicht selten gehen Zettel verloren.

Was macht Hans gut?

Hans liebt die Herausforderung. Ist eine Aufgabe schwierig, gibt er nicht auf, sondern fühlt sich angespornt, eine Lösung zu finden. Er trainiert damit seine Fähigkeit, Probleme zu lösen, was ihm in höheren Klassen und im Berufsleben zugute kommen wird.

Warum ist Hans' Hausaufgabenverhalten problematisch?

Hans fehlt das Training im Dokumentieren von Lösungswegen. Er entwickelt zwar gute Ideen, übt aber nicht, diese verständlich zu vermitteln. Das genügt nicht, wie das Eingangszitat richtig aussagt. Darüber hinaus umgeht er die notwendige Ergebnisprüfung. Wer kein Ergebnis hat, kann dieses auch nicht kritisch betrachten.
Die Probleme erkennt Hans vor allem bei Klassenarbeiten. Er erhält stets Punktabzug für Rechtschreibfehler, formale Ungenauigkeit oder nicht korrekt zu Ende geführte Überlegungen. Trotz Cleverness und guter Ideen ist er immer nur Mittelmaß!

Worauf sollte Hans achten?

Eine ordentliche Heftführung und ein Hausaufgaben-Manager werden Hans helfen, erfolgreicher zu sein. Darüber hinaus muss er lernen, seine Arbeitszeit zu organisieren. Die Tipps im zweiten Kapitel werden ihm dabei helfen.

Alice, die Abgelenkte

„Das Leben ist eine fortwährende Ablenkung, die nicht einmal zur Besinnung darüber kommen lässt, wovon sie ablenkt." Franz Kafka, Schriftsteller

Steckbrief: Alice

Alice nimmt sich jeden Tag aufs Neue vor, ihre Hausaufgaben ordentlich zu machen. Doch hundert unvorhergesehene Dinge hindern sie daran und so muss sie sich täglich neue Standpauken von ihren Lehrern und Eltern anhören.

- Direkt nach dem Essen begibt sich Alice in ihr Zimmer, um Hausaufgaben zu machen, blättert dann aber zunächst in einer Zeitschrift, räumt Klamotten weg, schaltet den Fernseher an, gießt die Blumen…
- Endlich hat Alice angefangen, da bekommt sie eine SMS, auf die sie unbedingt sofort antworten muss. Danach meldet sich eine Freundin über den Internet-Messenger und schließlich ruft ihr Freund an.
- Als Alice nun endlich loslegen will, stellt sie fest, dass gleich ihre Lieblings-Daily-Soap beginnt, sie dann ins Training und anschließend zu ihrer besten Freundin muss. Mit den Hausaufgaben ist es wieder nichts geworden.

Was macht Alice gut?

Gut ist sicherlich der Vorsatz, Hausaufgaben zu machen und damit die Erkenntnis, dass Hausaufgaben nützlich und sinnvoll sind. Da Alice am nächsten Tag aber keine Hausaufgaben vorzeigen kann, hat sie letztlich alles falsch gemacht.

Warum ist Alices Hausaufgabenverhalten problematisch?

Alice nimmt sich zwar vor, Hausaufgaben zu machen, macht sie dann aber doch nicht. Die Priorität, die Hausaufgaben in ihren Gedanken haben, haben sie nicht in ihrem Handeln. Alice plant nicht ihren Tagesablauf, sondern lebt in den Tag hinein und lässt sich von den Geschehnissen überraschen. Darüber hinaus lässt sich Alice von zu vielen Dingen und Personen ablenken.

Worauf sollte Alice achten?

So dramatisch „der Fall Alice“ wirkt, so einfach lässt er sich in den Griff bekommen. Die Regeln und Methoden zur Arbeitsplatzgestaltung und zum Zeitmanagement, die wir dir im zweiten Kapitel vorstellen werden, sind tausendfach erprobt und haben sich bei Schülerinnen wie Alice immer bewährt.

Lenard, der Lebenskünstler

14

„Theoretisch sind wir alle entschlossen, das Leben zu genießen, aber die Praxis ist schwierig."

Sir Charles Lamb, Schriftsteller

Steckbrief: Lenard

Lenard scheint es sehr gut zu gelingen, das Leben zu genießen. Er trifft sich mit zahlreichen Freunden, treibt Sport und macht auch sonst grundsätzlich das, wozu er Lust hat. Erstaunlicherweise bekommt er nie Ärger wegen nicht gemachter Hausaufgaben.

- Nachmittags oder abends Hausaufgaben zu erledigen, ist etwas für Streber, denkt Lenard. Er unternimmt zu viel mit seinen Freunden, um sich dafür Zeit zu nehmen.
- Lenard macht seine Hausaufgaben im Schulbus. Entweder schreibt er sie ab oder er unterhält sich mit jemandem darüber und skizziert das Ganze kurz.
- Wenn Lenard in der Schule nach Hausaufgaben gefragt wird, beginnt die Show. In Deutsch denkt er sich oft einen Text aus und tut so, als würde er ihn vorlesen. In Mathe legt er abgeschriebene Lösungen vor. Wenn er nichts vorzulegen hat, findet er so unterhaltsame Ausreden, dass selbst die Lehrer lachen müssen.

Was macht Lenard gut?

Lenard macht in Bezug auf Hausaufgaben nichts richtig gut. Positiv zu werten ist allenfalls, dass er keine Furcht vor schlechten Lösungen hat.

Warum ist Lenards Hausaufgabenverhalten problematisch?

Das Eingangszitat weist darauf hin, dass es nicht so einfach ist, das Leben zu genießen. Lenard gelingt dies zwar vordergründig, doch er betrügt sich selbst. In Wirklichkeit ist er nicht glücklich darüber, dass er täglich auf die Lösungen anderer angewiesen ist und nie Lob für seine eigene Arbeit erhält. In den Momenten der lustigen Ausreden macht er sich zum Klassenclown. Auch wenn viele neidisch auf Lenards lockere Art sind, weiß er, dass er in solchen Situationen intellektuell nicht ernst genommen wird. Zur Unterrichtszeit genießt er das Leben damit sicher nicht.

Worauf sollte Lenard achten?

Lenard muss den Sinn von Hausaufgaben für seinen schulischen Erfolg und damit für seine beruflichen Perspektiven erkennen, um nicht ständig auf andere angewiesen zu sein. Das ist nicht einfach! Er muss von Grund auf lernen, seine Arbeit zu organisieren. Die folgenden Kapitel sind ganz auf ihn zugeschnitten, denn sie helfen, den Spaß am Lernen zu entdecken und Erfolgserlebnisse genießen zu können.

Stella, die Stille

„Es gibt eine Grenze, wo Zurückhaltung aufhört, eine Tugend zu sein."

Edmund Burke, irisch-englischer Staatsmann

Steckbrief: Stella

Stella hat die von Edmund Burke beschriebene Grenze überschritten. Sie ist so zurückhaltend, dass sie niemals jemanden um Rat fragt. Auch im Unterricht bringt sie sich nicht ein und erzeugt so den Eindruck, lustlos und überfordert zu sein.

- Ihre Hausaufgaben macht Stella grundsätzlich alleine in ihrem Zimmer. Sie ist dabei sehr sorgfältig, weshalb die Bearbeitung der Hausaufgaben einen Großteil des Tages einnimmt. Pausen kennt Stella dabei nicht.
- Stella gibt sich alle Mühe, die Hausaufgaben alleine zu bewältigen. Wenn sie unsicher ist, versucht sie es auf verschiedene Arten und entscheidet sich dann für eine. Sie ist sich selten sicher, ob ihre Lösungen richtig sind.
- Stella hat immer ihre Hausaufgaben! Doch da Stella nie glaubt, die Anforderungen erfüllt zu haben, trägt sie ihre Hausaufgaben nie vor, nicht einmal dann, wenn der Lehrer sie darum bittet.

Was macht Stella gut?

Stella bemüht sich, ihre Hausaufgaben alleine zu bewältigen. Sie geht dabei sorgfältig und gewissenhaft vor und lässt sich von nichts und niemandem ablenken. Stella fördert auf diese Weise ihre Selbstständigkeit, trainiert ihre geistige Ausdauer und lernt mit Frustrationen umzugehen.

Warum ist Stellas Hausaufgabenverhalten problematisch?

Stella vergisst die Zeit und arbeitet daher nicht effektiv. Sie kapselt sich zu sehr ab. Nicht einmal zur Kontrolle ihrer Ideen und Lösungswege sucht sie das Gespräch mit Mitschülern, Eltern oder Lehrern. So bekommt sie keine Rückmeldung über ihre Arbeit und kann daher auch keine Tipps erhalten, um sich zu verbessern. Als Folge bleibt sie unsicher und wenig selbstbewusst – ein Teufelskreis.
Besonders unklug ist zudem, dass Stella ihre Lehrer nicht wissen lässt, wie viel Arbeit sie sich mit den Hausaufgaben macht. Dies führt zwangsläufig zu Fehleinschätzungen ihres Fleißes und ihrer Fähigkeiten.

Worauf sollte Stella achten?

Stella sollte lernen, durch eine gelungene Zeitplanung effektiver zu arbeiten, sie muss ihre Hausaufgaben kontrollieren lassen und Rückmeldungen dazu einholen. Vor allem sollte Stella jedoch lernen, ihre Hausaufgaben einzusetzen um gute Noten zu erhalten.

Elena, das Elternopfer

„Gesetzt, der Trieb der Anhänglichkeit und Fürsorge für andere wäre doppelt so stark, als er ist, so wäre es gar nicht auf der Erde auszuhalten."

Friedrich Nietzsche, Philosoph

Steckbrief: Elena

Elena ist ein Opfer der Fürsorge ihrer Eltern. Seit der ersten Klasse erklären sie Elena, wie sie Hausaufgaben am besten zu machen hat, drängen darauf, dass sie schön schreibt und mehr macht als gefordert. Elena wird ständig kontrolliert!

- Die Eltern legen fest, wann Elena ihre Hausaufgaben zu erledigen hat und sind dabei stets in ihrer Nähe.
- Elenas Eltern genießen es, ihr zu erklären, wie die Rechenaufgabe einfacher zu lösen ist als der Lehrer es erklärt hat. Sie freuen sich, wenn sie Elena Informationen geben können, die zum Beispiel die Geschichtslehrerin bewusst zurückgehalten hat und mischen sich auch bei den anderen Fächern in ähnlicher Weise ein.
- Die Eltern unterstützen Elena so sehr bei den Hausaufgaben, dass ihr bei Hausaufgabenkontrollen immer die gleiche Frage gestellt wird: „Hast *du* das gemacht?"

Was ist das Besondere an Elenas Situation?

Untersuchungen haben gezeigt, dass die Leistungsentwicklung bei Schülern umso ungünstiger verläuft, je häufiger sich die Eltern bei den Hausaufgaben einmischen. Elena kann also nichts dafür, dass sie aufgrund ihrer Unselbstständigkeit in der Schule nicht gut ist. Dafür sind ihre Eltern verantwortlich. Elena muss mehr Eigenständigkeit einfordern und ihre Eltern bitten, sich nur dann in die Bearbeitung der Hausaufgaben einzumischen, wenn Elena das wünscht.

Zusammenfassung

Wir haben dir in diesem Kapitel unterschiedliche Hausaufgabentypen vorgestellt:

- **Hans, der Aufgaben halbherzig bearbeitet und nicht zu Ende bringt,**
- **Alice, die sich zu leicht ablenken lässt,**
- **Lenard, der das Leben außerhalb der Schule in den Mittelpunkt stellt,**
- **Stella, die zu still ist, um Rückmeldungen einzuholen**
- **und die unselbstständige Elena, deren Eltern für ihre Probleme mit den Hausaufgaben verantwortlich sind.**

Welchem Typ oder welchen Typen du am ähnlichsten bist, weißt nur du. Die Probleme der einzelnen Verhaltensweisen haben wir benannt. In den folgenden Kapiteln erhältst du Tipps, wie du problematisches in hilfreiches und effektives Verhalten umwandeln kannst.

2. Hausaufgaben bewältigen

Warum ist es so wichtig, die Bearbeitung von Hausaufgaben zu planen?

Was solltest du beachten, um keine Hausaufgaben zu vergessen und alle zu bewältigen?

Gibt es einfache Maßnahmen, um bis zum Schluss bei der Sache bleiben zu können?

„Niemand plant zu versagen, aber die meisten versagen beim Planen.“ Sprichwort

Die verschiedenen Hausaufgabentypen haben dir beispielhaft gezeigt, was du aus eigener Erfahrung vielleicht schon weißt: Wer nicht detailliert plant, wann und wie er welche Hausaufgaben erledigt, dem wird es schwer fallen, alle Hausaufgaben fristgerecht zu bearbeiten.

Eine gute Planung ist allerdings schwierig, denn sie muss zwei Anforderungen erfüllen:

- Zum einen muss sie sicherstellen, dass du beim Erledigen von Hausaufgaben erfolgreich bist. Zum anderen muss sie dir genügend Freiheit lassen, um deinen privaten Verpflichtungen und Lieblingsbeschäftigungen nachzugehen.

- Wir wollen dir in diesem Kapitel zeigen, wie eine professionelle Hausaufgabenplanung aussehen kann. Du erfährst außerdem, welche konkreten Maßnahmen dir helfen, mit Schwung bei der Sache zu bleiben.

bewältigen

Der Hausaufgaben-Manager

Sicherlich sind dir in der Fernsehwerbung zahlreiche elektronische Geräte begegnet, mit deren Hilfe Geschäftsleute ihren Alltag zu strukturieren versuchen. Da ist von *Handhelds*, *Smartphones*, *Bluetooth*, *PDAs* und anderen *Business-Lösungen* die Rede, die klein, elektronisch und teuer sind. Sie werden von Menschen gekauft und benutzt, die erkannt haben, wie wichtig es ist, Informationen zu sichern und die eigene Arbeitszeit zu organisieren.

Deine Business-Lösung

Du benötigst kein elektronisches Hightech-Produkt, sondern bloß einen Hausaufgaben-Manager aus Papier. Dies kann ein kleines Heft im DIN-A6-Format sein, in das du deine Hausaufgaben schreibst. Es klingt banal, aber viele scheitern bereits hier. Folgende Informationen solltest du im Hausaufgaben-Manager festhalten:

- *Das Unterrichtsfach*
  Schreibe alle Fächer auf, die du am jeweiligen Schultag hast, auch diejenigen, in denen keine Hausaufgaben erteilt werden.
- *Die Aufgabe*
  Notiere sorgfältig und vollständig, was du zu tun hast. Schreibe nicht bloß den Arbeitsauftrag des Lehrers auf, sondern notiere auch, was er dazu gesagt hat. Wenn du nichts auf hast, markiere dies durch einen Strich.

- *Bis wann?*
  Damit du deine Hausaufgaben besser einteilen kannst, solltest du auch notieren, bis wann die jeweilige Aufgabe bearbeitet werden muss.

FACH	AUFGABE	BIS WANN?
Englisch	2B3 alle Vokabeln der Übung konjugieren (past tense)	Fr 6.4.
Biologie	–	–
Deutsch	Lesebuch S.43-48, Zusammenf. (Beziehung der Hauptfiguren!)	Do 5.4. (!)
Mathe	~~S.76 die ersten 12 Gleichungen (mit Probe)~~	Do 5.4. (2. Stunde)
Geschichte	Troja (Infos im Internet suchen)	nächster Montag (9.4.)

Der richtige Umgang mit dem Hausaufgaben-Manager

Falls deine Eintragungen am Unterrichtsende nicht vollständig sind, frag Mitschüler oder Lehrer nach den fehlenden Informationen – zur Not von Zuhause aus per Telefon. Es ist sehr wichtig, dass du den Hausaufgaben-Manager regelmäßig benutzt. Nur eine vollständige Liste deiner Aufgaben hilft dir, dich zu organisieren.

Zu Beginn der Hausaufgaben-Bearbeitung steht der Blick in den Hausaufgaben-Manager. Streiche die beendete Aufgabe jeweils durch. Das motiviert, denn du siehst, wie viel du schon erledigt hast.

Wenn du mit den Hausaufgaben fertig bist, prüfe anhand des Eintrages *„Bis wann?"*, ob du für den nächsten Tag auch nichts vergessen hast.

An die Arbeit – aber wo?

Erinnerst du dich an die Probleme von Alice? Ständig wurde sie von ihrer Umgebung abgelenkt. Damit es dir nicht geht wie ihr, solltest du die folgenden Tipps beachten.

Arbeit und nichts als Arbeit

Der Psychologe Iwan Pawlow wurde durch ein einfaches Experiment mit seinem Hund weltbekannt. Er ließ ein Glöckchen klingen, bevor er seinen Hund fütterte und beobachtete, wie diesem kurz vor dem Fressen das Wasser im Maul zusammenlief. Eines Tages ließ Pawlow das Fressen weg und stellte fest, dass der Hund bereits beim Klingeln des Glöckchens verstärkten Speichelfluss hatte. Für den Hund waren das Glöckchen und sein Fressen mittlerweile untrennbar miteinander verbunden.

Du kannst diese so genannte *Konditionierung* für deine Hausaufgaben nutzen. Wenn du dir einen Arbeitsbereich schaffst, an dem du nichts anderes machst als Hausaufgaben, wird dir auch nichts anderes als Hausaufgaben in den Sinn kommen, wenn du an diesem Platz sitzt.

Augen zu und durch!

Die größte Ablenkung geschieht durch das, was du siehst und hörst. Dein Arbeitsplatz sollte daher von all den Dingen befreit werden, die dich ablenken könnten. Dazu gehören Zeitschriften, Spiele oder private Briefe, aber auch Geräte wie Fernseher, HiFi-Anlage oder dein Handy. Letzteres sollte genauso ausgeschaltet sein wie der Messenger in deinem Computer mit Internetzugang. Schließe außerdem das Fenster und die Zimmertür, damit dich weder der Straßenlärm noch Eltern oder Geschwister ablenken können.

Gut ausgerüstet starten!

Dein Arbeitsplatz sollte mit all dem ausgestattet sein, was du zum Arbeiten benötigst – nicht mehr, aber auch nicht weniger. Achte darauf, dass deine Unterlagen und Mitschriften gut sortiert sind. Verwendest du Ordner, vergiss nicht, deine Mitschriften immer gleich abzuheften. Ansonsten vergeudest du eine Menge Zeit mit Suchen, die du für angenehmere Tätigkeiten verwenden kannst. Außerdem reißt dich das Suchen von Zetteln, Stiften, Geodreiecken oder Taschenrechnern nicht aus der Konzentration, wenn du all dies an seinem festen Platz vorfindest.

Licht, Luft und gute Laune

Auch wenn wir dir gerade den Tipp gegeben haben, dein Fenster zu schließen, sollte dein Gehirn genügend Sauerstoff zum Denken haben. Lüfte daher vor der Arbeit gut durch. Stelle außerdem deinen Schreibtisch so ans Fenster, dass das Licht von links (bei Linkshändern von rechts) darauf fällt und gestalte das Umfeld deines Arbeitsplatzes so, dass du dich wohl fühlst.

Verschiedene Arbeitsplätze für unterschiedliche Aufgaben

Die Hausaufgaben der verschiedenen Fächer können sehr unterschiedlich sein: in Mathematik rechnen, in Naturwissenschaften ein Experiment durchführen, in Englisch Vokabeln lernen und in Deutsch einen Aufsatz schreiben. Der berühmte Filmemacher Walt Disney hatte für verschiedene Arten von Aufgaben auch unterschiedliche Arbeitsplätze:

- *Am Ort des Träumers*
  sammelte er Ideen für seine Vorhaben. Dieser Ort kann eine bequeme Ecke in deinem Zimmer sein, in der du Ideen für den Aufsatz und das Experiment sammelst.
- *Am Ort des Machers*
  erledigte Walt Disney Arbeiten wie Rechnen und Schreiben, bei denen er voll konzentriert sein musste. Dieser Ort sollte dein Schreibtisch sein, der so gestaltet ist, wie wir es auf den vorherigen Seiten beschrieben haben.
- *Am Ort des Kritikers*
  überprüfte Walt Disney seine Arbeit. Hier kannst du dir die Unterstützung anderer Personen holen, um deinen Aufsatz, deine Rechnungen und die Ergebnisse deines Experimentes überprüfen oder die Vokabeln abfragen zu lassen.

Aufgabe

Gestalte deinen Arbeitsplatz nach den Anregungen dieses Kapitels. Falls Möbel umgestellt werden müssen, sprich die Veränderungen mit deinen Eltern ab.

An die Arbeit – aber wann?

„Die Zeit verlängert sich für alle, die sie zu nutzen verstehen."

Leonardo da Vinci,
Bildhauer, Maler, Architekt und Naturforscher

Jetzt bitte nicht!

Die Zeit sinnvoll zu nutzen ist sicherlich ein guter Vorsatz, den auch Alice, Lenard und Stella fassen sollten. Doch der Vorsatz allein hilft oft nicht. Zunächst musst du herausfinden, wann du leistungsfähig bist, um Hausaufgaben machen zu können. Das heißt, du musst deine persönliche Tagesleistungskurve ermitteln.

Erfahrungsgemäß klappt es zu folgenden Zeiten nicht:

- *Direkt nach dem Aufstehen*
  sind Körper und Geist noch auf Schlaf eingestellt. Du selbst weißt, wie schwer es dir manchmal fällt, in der ersten Stunde gut mitzuarbeiten. Vorher noch schnell Hausaufgaben zu machen, ist daher in der Regel nicht von Erfolg gekrönt.
- *Direkt nach dem Mittagessen – im Suppenkoma*
  machen zwar die meisten Schüler ihre Hausaufgaben, sie sind dabei jedoch wenig produktiv, denn der Körper braucht alle Energie, um die neu aufgenommene Nahrung zu verdauen. Als Folge ist man müde und kaum leistungsfähig.

- *Direkt vor dem Schlafengehen*
  liegen die Anstrengungen des Tages hinter dir, weshalb du dich nur noch schwer auf Hausaufgaben konzentrieren kannst. Außerdem träumst du danach vermutlich von deinen Hausaufgaben und schläfst deswegen schlecht.

Finde also zunächst deine persönliche Tagesleistungskurve. Forschungsergebnisse zeigen, dass die durchschnittliche Tagesleistungskurve wie folgt verläuft:

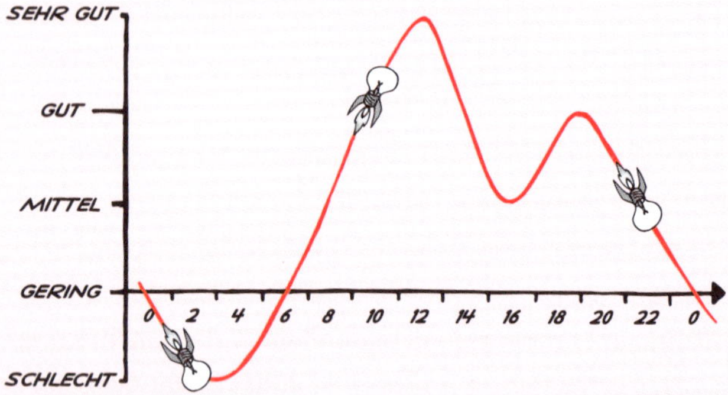

Was liegt an?

Wenn du herausgefunden hast, zu welchen Zeiten du dein Leistungstief erreichst, kannst du mit der konkreten Tagesplanung beginnen. Unterscheide dabei zwischen Terminen und Aufgaben.
Termine bei Arzt, Sportverein oder Musikschule musst du einhalten. Sie liefern dir den Rahmen für die Tagesplanung.

Dein Hausaufgaben-Manager hilft dir zu entscheiden, welche Aufgaben heute erledigt werden müssen und welche du zur Not auch später machen kannst.
Generell solltest du aber versuchen, die Hausaufgaben an dem Tag zu bearbeiten, an dem sie gestellt wurden, weil du dich dann noch am besten an den Unterricht erinnern kannst. Falls du sie später bearbeitest, schau sie dir noch einmal am Tag vor der nächsten Unterrichtsstunde an. Wenn du weißt, was du am jeweiligen Tag unbedingt erledigen musst und was du erledigen solltest, geht es an die konkrete Planung deines Tagesablaufes.

Warum konkret planen?

Alice und Stella zeigen dir, warum es wichtig ist, die Hausaufgaben konkret zu planen. Alice findet immer wieder andere Dinge, mit denen sie sich beschäftigt und verschiebt die Hausaufgaben, bis der Tag zu Ende geht. Stella dagegen macht nichts anderes als Hausaufgaben. Sie arbeitet nicht effektiv und wird unzufrieden, da ihr für private Vorhaben keine Zeit bleibt. Beiden hilft ein detaillierter Zeitplan, die Zeit besser zu nutzen.

Wann nutzt du deine Zeit nicht optimal?

	STIEHLT MIR TÄGLICH (IN MINUTEN)	VERZICHTEN KANN ICH AUF (IN MINUTEN)
TELEFONIEREN, SMS ETC.		
FERNSEHEN		
TAGTRÄUME, BUMMELN		
SUMME (IN MINUTEN)		

Schritt für Schritt zum Zeitplan

Nachdem du nun weißt, welche Zeitfenster dir zwischen deinen Terminen und den längeren Ruhephasen bleiben, musst du abschätzen, wie lange du für die Bearbeitung der einzelnen Aufgaben vermutlich brauchen wirst.

Lass dabei nach hinten zeitlich immer etwas Luft, denn es ist wichtig, dass du deine Zeitvorgaben einhältst. Nur so motivierst du dich zum konzentrierten und effektiven Arbeiten. Solltest du früher fertig sein, hast du dir die längere Pause verdient.

Fach	Aufgabe	Dauer
Mathe	Seite 113 Nr. 8 a–d und Nr. 11 a–c	20 Min.
Deutsch	Aufsatz schreiben	45 Min.
Englisch	Vokabeln Seite 168	30 Min.
Französisch	Vokabeln Seite 108	20 Min.
NaWi	Experiment und Versuchsprotokoll	30 Min.

An die Arbeit – aber in welcher Reihenfolge?

Der Erfolg beim Bearbeiten der Hausaufgaben hängt wesentlich von der Reihenfolge ab, in der du die Aufgaben erledigst. Achte dabei auf folgende Regeln:

Beginne mit einer leichten Aufgabe!

Ähnlich wie deine Muskeln beim Training braucht auch dein Gehirn eine Aufwärmphase. Beginne daher mit einer leichten Aufgabe, um einen guten und erfolgreichen Start zu haben. Frisch motiviert solltest du nun die schwierigste Aufgabe angehen.

Bringe Abwechslung in die Hausaufgaben!

- *mündlich – schriftlich*
  Plane so, dass sich mündliche und schriftliche Aufgaben abwechseln. So wird dir nicht langweilig und dein Gehirn wird nicht einseitig überfordert.
- *schreiben – rechnen*
  Auch wenn du text- und rechenlastige Aufgaben abwechselst, umgehst du Langeweile. Zudem hilft dir die Abwechslung, deine Konzentration aufrecht zu erhalten.
- *kopflastig – handwerklich*
  Die beste Abwechslung bringt dir der Übergang von einer rein geistigen Tätigkeit wie Rechnen oder Schreiben zu einer handwerklichen wie Malen oder Experimentieren.

Stelle kleine Einheiten zusammen!

Einen riesigen Berg an Arbeit vor sich zu haben, motiviert nicht gerade. Die Aufgabe erschlägt dich eher. Daher solltest du versuchen, aus dem Aufgabenberg kleine Aufgabenhügel zu formen, deren Erklimmen jeweils etwa 20 bis 25 Minuten in Anspruch nimmt. Jeder erklommene Hügel beschert dir dann ein Erfolgserlebnis und motiviert dich weiterzuarbeiten.

Mache Pausen!

Zwischen den kleinen Aufgabenhügeln solltest du dir Pausen von wenigen Minuten Länge gönnen, um dich nicht völlig auszupowern. Nach einer, spätestens anderthalb Stunden ist es dann Zeit für eine große Pause von etwa 30 Minuten.

So könnte das aussehen:

Zeit	Fach	Aufgabe
15.00 Uhr	NaWi	Aufbau überlegen
15.10 Uhr	Mathe	Seite 113 Nr. 8 a–d
15.25 Uhr	PAUSE	
15.30 Uhr	Deutsch	Ideen f. Aufsatz sammeln/strukturieren
15.45 Uhr	Mathe	Seite 113 Nr. 11 a–c
16.00 Uhr	PAUSE	
16.30 Uhr	Deutsch	Aufsatz schreiben
17.15 Uhr	PAUSE	
19.00 Uhr	Englisch	Vokabeln Seite 168
19.30 Uhr	PAUSE	
19.35 Uhr	NaWi	Experiment & Protokoll
19.55 Uhr	PAUSE	
20.00 Uhr	Französisch	Vokabeln Seite 108
20.20 Uhr	HA-Manager kontrollieren, Schultasche packen	

Konzentriert bei der Sache bleiben

Nach der Planung kommt die Durchführung. Stelle sicher, dass du bis zum Schluss konzentriert arbeiten kannst.

Tanke Energie!

Konzentriert bei der Sache bleiben kannst du nur, wenn dein Gehirn genügend Power-Nahrung hat. Dazu zählen ungesüßte Getränke wie Apfelsaftschorle und vitaminreiche Lebensmittel wie Obst und Gemüse.
Auf Süßigkeiten und Aufputschgetränke solltest du verzichten. Sie sorgen nur kurzzeitig für eine Leistungssteigerung und lassen dich danach umso müder und schlapper werden.

Bleib locker!

Wenn du lange Zeit am Schreibtisch sitzt, verkrampft deine Muskulatur und dein Kreislauf gerät außer Schwung. Nutze deine Pausen daher nicht nur zum Energietanken, sondern sorge durch Bewegung für strömende Körpersäfte und die nötige Lockerheit in Bauch, Beinen, Po & Co.

Stoppe störende Gedanken!

Auch wenn dein Arbeitsplatz optimal gestaltet ist, kann es passieren, dass dich deine eigenen Gedanken immer wieder ablenken. Setze ihnen ein Stoppschild vor und lenke sie zurück zur Hausaufgabe!

Bastele eine To-Do-Box!

Besonders widerspenstige Gedanken, die sich nicht von deinem Gedanken-Stoppschild aufhalten lassen, kannst du auf einen Zettel schreiben und in die To-Do-Box befördern. So sicherst du den störenden Gedanken und hast den Kopf frei für die Hausaufgaben. In einer Pause oder wenn du deine Hausaufgaben erledigt hast, nimmst du den Zettel aus der To-Do-Box und kümmerst dich darum.
Dieses Verfahren ist hilfreich, wenn du mit einer anderen Person etwas zu klären hast oder deine Stimmung wegen eines bestimmten Ereignisses getrübt ist.

Motiviere dich mit einer Belohnung!

Solltest du den Hausaufgabentypen Alice oder Lenard ähneln und in der Regel keine Hausaufgaben machen, ist die von uns vorgestellte Hausaufgabenplanung eine echte Herausforderung. Stellst du dich ihr, solltest du dich belohnen, wenn alles klappt. Überleg dir, was du dir gönnen möchtest, wenn du es schaffst, alle Hausaufgaben der Schulwoche zu bewältigen. Das kann ein Kinobesuch sein, eine CD, ein neues Spiel oder vieles andere. Vielleicht spielen deine Eltern mit und übernehmen die Kosten. Die schönste Belohnung wird allerdings das gute Gefühl sein, etwas geschafft zu haben und mit ruhigem Gewissen sowie ohne die Suche nach Ausreden den Weg zur Schule genießen zu können.

Wenn es gar nicht mehr geht…

Wenn du noch nicht viele Erfahrungen mit der Hausaufgabenplanung gemacht hast, kann es sein, dass du dich überforderst. Wenn du keine Energie mehr hast und erkennst, dass am nächsten Tag keine Termine und nur wenige Aufgaben anstehen, dann korrigiere deinen Arbeitsplan. Forscher haben festgestellt, dass es sinnvoller ist, oft Hausaufgaben in Maßen zu machen, als selten in zu großem Umfang.

Zusammenfassung

In diesem Kapitel hast du erfahren, wie du die äußeren Bedingungen für eine erfolgreiche Hausaufgabenarbeit erfüllen kannst. Du solltest:

- **einen Hausaufgaben-Manager anlegen, um alles mitzubekommen und nichts zu vergessen,**
- **ablenkende Dinge von deinem Arbeitsplatz entfernen, dein Arbeitsmaterial ordnen und eventuell verschiedene Arbeitsbereiche wie Walt Disney nutzen,**
- **deine Arbeitszeit planen, indem du deine Termine und deine Tagesleistungskurve beachtest und die Aufgaben abwechslungsreich verteilst und**
- **mit kleinen Maßnahmen deine Konzentrationsfähigkeit aufrecht erhalten.**

3. Das Notfall-programm

Was kannst du tun, wenn dir alles zu viel wird?

**Welche Maßnahmen gibt es,
um die Aufgaben vielleicht doch noch zu bewältigen?**

**Wie kannst du unangenehme Situationen vermeiden,
wenn nicht alles nach deinen Wünschen gelaufen ist?**

„Wo ein Wille ist, ist auch ein Weg." Sprichwort

„Wer keine Ausdauer bei Kleinigkeiten hat, dem misslingt der große Plan." Chinesisches Sprichwort

Das Ziel des zweiten Kapitels dieses Buches war es, dich zu ermutigen und dir dabei zu helfen, Zeit für Hausaufgaben zu finden und die optimalen äußeren Bedingungen zu schaffen, um Hausaufgaben erfolgreich zu bearbeiten.

Viele Schüler haben jedoch mit Problemen zu kämpfen, die sich erst während der Bearbeitung der Hausaufgaben zeigen: keine Zeit, kein Konzept, keine Lösungsidee und schließlich keinen Erfolg. Auf solche Notfälle wollen wir dich nun vorbereiten.

Nicht den Kopf in den Sand stecken ist dabei das Motto, sondern Durchhaltevermögen zeigen und entsprechend der oben stehenden Sprichworte einen Weg finden, den Notfall zu überstehen. Mögliche Wege werden wir dir aufzeigen.

Notfallprog

Die Vorahnung: Das wird nichts!

Das Ende der Mathestunde naht und du hast heute aus verschiedenen Gründen nichts verstanden. Du weißt, dass du am Nachmittag zum Geburtstag deiner Großmutter fahren wirst, danach ein wichtiges Trainingsspiel hast und morgen eine Englischarbeit schreibst, für die du noch nicht genug gelernt hast. Und dann auch noch das: Deine Lehrerin gibt euch einen richtig fetten Batzen Hausaufgaben auf. Sicherlich kennst du solche oder ähnlich schreckliche Situationen, in denen du dich bisher dafür entschieden hast, die Hausaufgaben nicht zu bearbeiten oder bei jemandem abzuschreiben.
Wir möchten dir nun Möglichkeiten vorstellen, ehrlich und eigenverantwortlich mit einer solchen Situation umzugehen.

Schritt 1: Bitte die Lehrer um Verständnis!

Versuche zunächst deine Lehrer davon zu überzeugen, nicht zu viel aufzugeben, indem du auf anstehende Klassenarbeiten und weitere Hausaufgaben verweist. Vielleicht gelingt es dir sie davon zu überzeugen, weniger, aber dafür häufiger Hausaufgaben aufzugeben. Sei aber nicht wütend, wenn die Hausaufgaben nicht reduziert werden, denn Lehrer stehen unter dem Druck, die Lerninhalte vollständig zu vermitteln und sind dabei auf Hausaufgaben angewiesen. Letztlich geht es um deinen persönlichen Lernfortschritt.

Schritt 2: Prüfe die Rechtsgrundlage!

Die Schulgesetze der verschiedenen Bundesländer verpflichten alle Schüler, Hausaufgaben zu machen. Sie sagen aber auch, dass die Hausaufgaben die Schülerinnen und Schüler nicht überlasten dürfen.

Wann eine Überlastung droht, wird in fast allen Bundesländern von den Schul- und Klassenkonferenzen, also von der Schulgemeinde selbst festgelegt. Sie regeln die Art, den Umfang und die Verteilung der Hausaufgaben.

Lediglich in Niedersachsen, Hessen, Nordrhein-Westfalen und Bayern werden den Schulen detaillierte Regeln vorgeschrieben. Dabei gilt etwa für die tägliche Bearbeitungszeit:

- Grundschule: eine halbe bis eine Stunde (in Bayern bis zu zwei Stunden)
- Mittelstufe: eine bis zwei Stunden
- Oberstufe: zwei bis drei Stunden (drei Stunden nur in Niedersachsen)

Wenn du die genannten Obergrenzen nicht erreichst, brauchst du mit den Lehrern nicht weiter zu diskutieren. Es gibt aber weitere Regeln, die oft übersehen werden:

- Wer in der Mittelstufe nach 14 Uhr noch Unterricht hat, sollte weniger Hausaufgaben erteilt bekommen.
- Von Freitag bis Montag dürfen in den oben genannten Ländern keine Hausaufgaben erteilt werden.
- Gleiches gilt für die Ferien, mit Ausnahme von Lektüre in sprachlichen Fächern.

Mache deine Lehrer gegebenenfalls auf diese Regelungen aufmerksam oder frage sie nach den Regelungen, die die Klassenkonferenz vereinbart hat. Bleib aber bitte freundlich! Vielleicht wurden die Regeln bloß übersehen.

Schritt 3: Vereinbare eine persönliche Sonderregelung!

Falls dein Lehrer die Hausaufgaben nicht für die gesamte Klasse ändern möchte (Schritt 1) oder die Hausaufgaben rechtlich okay sind (Schritt 2), solltest du nach dem Unterricht zu ihm gehen und wegen der besonderen Anstrengungen deines Tages um eine persönliche Sonderregelung bitten. Zwei Varianten sind denkbar: Entweder du wirst von der Pflicht Hausaufgaben zu machen, befreit und gebeten, selbst für die nötige Übung zu sorgen, oder es wird vereinbart, dass du die Hausaufgaben später vorlegen darfst.

Kein Erfolg?

Wenn auch der letzte Schritt fehlschlägt, solltest du gut überlegen, ob du dein Tagesprogramm im privaten Bereich kürzen kannst. Zur Not musst du in den sauren Apfel beißen und eine Menge Stress ertragen. Wir werden dir auf den folgenden Seiten zeigen, wie du damit umgehen kannst.

Typische Probleme meistern

Mit einer guten Hausaufgabenplanung und den richtigen Tipps für deine Konzentration hast du im zweiten Kapitel bereits gelernt, wie dir organisiertes Vorgehen die Arbeit erleichtern kann. Nun wollen wir dir zeigen, wie die Bearbeitung der Hausaufgaben selbst besser gelingt. Sicherlich kennst du die folgenden drei Problemsituationen:

Du verstehst den Text nicht!

Zahlreichen Hausaufgaben in nahezu allen Fächern liegen Texte zugrunde, die zusammengefasst, strukturiert oder interpretiert werden müssen. Die *su-r-u-stru-s-t-Technik* hilft dir dabei: su-r-u-stru-s-t steht für SUrvey – Read – Underline – STRUcture & Save – Test, also für Überblick, lesen, unterstreichen, strukturieren & sichern sowie testen.

1. Schritt: survey – Überblick

Verschaffe dir einen Überblick über den Text. Frag diesbezüglich: Worum geht es? Was sind die Überschriften? Welche Abbildungen gibt es? Welche Wörter sind hervorgehoben, d.h. **fett** oder *kursiv* gedruckt oder unterstrichen?

2. Schritt: read – lesen

Lies den Text sorgfältig! Versuche den Text Satz für Satz zu verstehen und verknüpfe den Inhalt mit dem, was du zu diesem Thema bereits weißt.

3. Schritt: underline – unterstreichen

Lies den Text noch einmal und unterstreiche dabei mit dem Lineal wichtige Wörter, so genannte Schlüsselwörter. Schlüsselwörter sind Wörter, durch die du dich an den jeweiligen Textabschnitt erinnern kannst. Unterstreiche nicht mehr als 15 Prozent des Textes.

4. Schritt: structure & save – strukturieren & sichern

Strukturiere die Schlüsselwörter! Bringe sie in einen für dich logischen Zusammenhang, der dem Text entspricht! Je nach Anforderung kannst du daraus einen neuen Text, eine Mind Map („Spickzettel“), beschriftete Karteikarten oder eine andere Form der Zusammenfassung erstellen.

5. Schritt: test – testen

Fasse mit Hilfe der Struktur aus Schritt 4 den Inhalt des Textes in eigenen Worten zusammen und speichere ihn so in deinem Gedächtnis.

Du verstehst die Aufgabe nicht!

Gerade im mathematischen und naturwissenschaftlichen Unterricht ist oft die Aufgabe das Problem und nicht die äußeren Umstände. Auch hier hilft dir schrittweises Vorgehen.

1. Schritt: das Problem darstellen

Frag dich: Worum geht es? Was weiß ich schon? Was will ich erreichen? Die Antworten auf diese Fragen findest du oft, indem du eine Skizze zur Problemstellung anfertigst.

2. Schritt: eine Lösungsstrategie finden

Es gibt im Wesentlichen folgende drei Problemlösestrategien:

Beim *Vorwärtsarbeiten* fragst du dich, was du bereits über das Gegebene weißt und was du damit erreichen kannst. Beim *Rückwärtsarbeiten* fragst du dich, was du schon über das Gesuchte weißt und was du benötigst, um es zu erreichen. Beim *Invarianzprinzip* fragst du dich, was gleich bleibt. Mit gleichen Größen kannst du eine mathematische Gleichung aufstellen.

3. Schritt: eine Lösung herbeiführen

Wenn du aufgrund der Sachlage entschieden hast, welche Strategie am besten funktioniert, geht es an die Lösung des Problems. Beim Invarianzprinzip kannst du die aufgestellte mathematische Gleichung lösen. Bei den anderen beiden Strategien folgt immer ein neuer Rechenschritt nach einer neu gewonnenen Information. Wenn du Schwierigkeiten mit den Rechenschritten hast, schaue dir in deinem Heft oder im Buch Aufgaben an, die ähnlich gelöst wurden.

4. Schritt: die Lösung überprüfen

Frag dich, was du erreicht hast und ob das Erreichte sinnvoll ist. Wenn nicht, suche nach dem Fehler oder überlege neu.

Damit die Problemlösestrategien nicht zu abstrakt bleiben, löse das folgende Problem entsprechend der vier Schritte. Mit welcher Strategie hast du gearbeitet?

Aufgabe

Um in eine Stadt mit sieben Toren zu gelangen, muss ein Bauer an jedem Tor die Hälfte seiner geernteten Äpfel

>>

abgeben und einen Apfel mehr. Am Schluss bleibt dem Bauern nur ein Apfel. Wie viele hatte er zu Beginn?

Leicht herauszufinden durch Rückwärtsrechnen:
Der Bauer hatte zu Beginn 382 Äpfel.

Ich kriege die Vokabeln nicht in meinen Kopf!

Manche Vokabeln sind sehr widerspenstig. Ihnen begegnest du am besten, indem du beide Gehirnhälften einsetzt und mit all deinen Sinnen arbeitest.

- Verwende dazu Karteikarten, mit denen du die Vokabeln nach festen Regeln in bestimmten Zeitabständen wiederholen kannst.
- Fertige eine Zeichnung zu jeder Vokabel an.
- Schreibe die Vokabeln auswendig auf.
- Sprich sie dir mehrfach laut vor.
- Wenn du die Vokabeln außerdem mit anderen Informationen oder Bildern verknüpfst, vergisst du sie bestimmt nicht mehr. *Beispiel:* Um die englische Vokabel „dishwasher" (Spülmaschine) zu lernen, kannst du dir vorstellen, wie du das Geschirr vom „Tisch" in den „Wäscher" räumst.

Die hier erwähnten Arbeitsmethoden zur Texterarbeitung, zum Problemlösen und zum Vokabellernen konnten nur kurz angesprochen werden. Wenn du diese oder andere Methoden vertiefen möchtest, empfehlen wir dir die Bücher *Power-Gedächtnis*, *Kreativität* und *Mind Mapping*, die ebenfalls in der Reihe *Kids auf der Überholspur* erschienen sind.

Lass dir helfen!

Unter Umständen bist du trotz guter Planung und methodischem Arbeiten auf Hilfe angewiesen. Deine Helfer sollten jedoch mit dir zusammenarbeiten und dir die Aufgaben nicht einfach abnehmen.

Wie Eltern helfen können

Wenn dir deine Eltern helfen, sollten sie dies nicht tun wie Elenas Eltern. Erinnerst du dich? Unter Umständen musst du deine Eltern zunächst zu guten Helfern ausbilden. Am besten, du zeigst ihnen die folgenden Hilfe-Strategien:

- *Emotionale Unterstützung*
  Oft gehen Aufgaben viel leichter von der Hand, wenn du Zuspruch bekommst. Ein Satz wie: *„Ich bin überzeugt, dass du das gut machst!"*, wirkt oft schon kleine Wunder.
- *Nach Fehlern suchen lassen*
  Sollten deine Eltern einen Fehler in deiner Hausaufgabe entdecken, bringt es nichts, wenn sie dich anmotzen und sagen, wie er zu beheben ist. Die beste Reaktion wäre: *„Schau mal, ob in diesem Bereich alles korrekt ist."*
- *Helfen, Teilziele zu formulieren*

Wenn dir eine Aufgabe so schwierig und umfangreich erscheint, dass du keinen Anfang findest, solltest du gemeinsam mit deinen Eltern Teilziele formulieren, die die Aufgabe strukturieren. Erkläre ihnen anschließend dein Vorgehen. So erkennst du, ob du alles verstanden hast.

- *Nicht verwirren lassen*

  Wenn dir deine Eltern inhaltlich oder methodisch helfen wollen, sollten sie sich deine Unterrichtsmitschriften gut ansehen. Wenn sie Lerninhalte vorwegnehmen oder anders vorgehen als deine Lehrer, wirst du dem Unterrichtsverlauf schlechter folgen können und immer mehr Probleme mit den Hausaufgaben bekommen.
- *Der letzte Ausweg*

  Wenn alle Stricke reißen, nichts gelingt oder durch widrige Umstände keine Zeit mehr für die Hausaufgaben bleibt, können dir deine Eltern eine Entschuldigung schreiben. So erkennen deine Lehrer, dass du die Hausaufgaben nicht einfach vergessen hast.

  Falls der weitere Unterrichtsverlauf von deiner Hausaufgabe abhängt, z. B. bei einem Referat, solltet ihr die Lehrkraft anrufen.

Wie Mitschüler helfen können

Bevor du deine Eltern um Hilfe bittest, kannst du deine Mitschüler einbeziehen. Sei bitte auch hier konstruktiv und schreibe die Aufgaben nicht einfach ab!

Es ist oft so einfach!

Trotz Hausaufgaben-Manager kann es passieren, dass du eine wichtige Information zur Lösung einer Aufgabe nicht mitbekommst. Vergewissere dich notfalls auch per Telefon, ob dir alle Details der Aufgabenstellung bekannt sind. Mit den erhaltenen Zusatzinformationen kann es dann sehr einfach sein.

Teamwork

In Forschung und Entwicklung heißt Problemlösen Teamwork. Auf eine gute Zusammenarbeit von Wissenschaftlern, Ingenieuren und Technikern kann nicht verzichtet werden. Sollten deine Mitschüler ähnliche Probleme mit den Hausaufgaben haben wie du, schließt euch zusammen und versucht es gemeinsam.

Kennzeichnend für Teamwork ist, dass *alle* konstruktiv mitarbeiten. Gelingt euch das, arbeitet ihr sehr effektiv, denn verschiedene Menschen sehen verschiedene Aspekte einer Aufgabe, die Ideen des einen rufen neue Ideen des anderen hervor und wenn du deine Ideen erklärst, merkst du, ob du einen Denkfehler gemacht hast. Die Kontrolle der Ergebnisse geschieht damit sorgfältiger.

Wie Lehrer helfen können

Deine Lehrer sind in der Regel sehr um deinen Lernerfolg bemüht. Du solltest ihre Hilfsbereitschaft und Kompetenz nutzen, um langfristig deinen Umgang mit Hausaufgaben zu verbessern.

Wenn es nicht geklappt hat

Wenn dir kein Tipp des Notfallprogramms geholfen hat und du die Hausaufgabe nicht vorlegen kannst, da deine fachlichen Lücken zu groß waren, dann erkläre deinem Lehrer möglichst genau, an welchen Stellen du Schwierigkeiten mit der Hausaufgabe hattest. Ihr könnt auf diese Weise gemeinsam deine Lücken aufspüren und besprechen, wie du sie schließen kannst.

Die ausführliche Darlegung deiner Schwierigkeiten hat den positiven Nebeneffekt, dass der Lehrer merkt, dass du dich intensiv mit der Hausaufgabe auseinander gesetzt hast. Er wird dich in diesem Fall sicherlich nicht noch zusätzlich bestrafen.

Hilfe von Profis einholen

Dein Lehrer kann dir sagen, ob deine Schwächen eher die Lerninhalte betreffen oder deine Arbeitsmethoden.

Bei inhaltlichen Lücken genügt in der Regel eine gute Nachhilfe. Achte darauf, dass du während der Nachhilfe aktiv gefordert bist. Es bringt dir nichts, wenn dir eine weitere Person erklärt, wie sie deine Hausaufgaben lösen würde. Wenn du Schwierigkeiten im methodischen Bereich hast, also nicht weißt, wie du effektiv arbeiten und lernen kannst, dann beachte bitte die von uns empfohlenen Bücher (Seite 61) oder wende dich an den Seminarveranstalter *Das LernTeam*.

Zusammenfassung

Auch wenn du die Bearbeitung deiner Hausaufgaben perfekt geplant hast, kann es in der Umsetzung zu Schwierigkeiten kommen. Für solche Notfälle gibt es Maßnahmen, mit deren Hilfe du dennoch alles richtig machen kannst:

- **Versuche eine Hausaufgabenflut einzudämmen, indem du mit den Lehrern redest oder sie auf Vereinbarungen bezüglich der Hausaufgaben aufmerksam machst.**
- **Es gibt Lern- und Arbeitsmethoden, mit deren Hilfe du Texte erfassen (su-r-u-stru-s-t), Probleme lösen (Vorwärts- und Rückwärtsrechnen, Invarianzprinzip) und Vokabeln lernen (Vokabelkartei mit allen Sinnen) kannst. Probiere sie aus, sie werden dir helfen.**

- **Wenn du trotz aller Bemühungen nicht weiter kommst, ist das kein Grund zu verzweifeln. Hilfe von Eltern, Mitschülern oder (Nachhilfe-)Lehrern ist erlaubt. Achte aber darauf, dass sie dir die Aufgabe nicht abnehmen. Du solltest am Schluss alle Bearbeitungsschritte nachvollziehen und erklären können.**

4. Hausaufgaben nutzen

Warum geht es hierbei um DEINE Hausaufgaben?

Wie helfen dir Hausaufgaben, selbstständig zu werden?

Wie kannst du deine Hausaufgaben nutzen, um großen Erfolg in der Schule zu haben?

„Nur durch Arbeit und Kampf ist Selbstständigkeit und das Gefühl der eigenen Würde zu erlangen."
Fjodor Michailowitsch Dostojewski, russischer Schriftsteller

Hoppla, das klingt recht angestaubt und leicht militant, findest du nicht? Aber wie oft bei Zitaten, musst du auch dieses im übertragenen Sinne verstehen. Die Arbeit steht dann für die Bearbeitung von Hausaufgaben und der zitierte Kampf ist als Kampf gegen den „inneren Schweinehund" zu verstehen.
Wenn du diese Arbeit und diesen Kampf auf dich nimmst, erlangst du nach Dostojewski Selbstständigkeit und Selbstbewusstsein. Dostojewskis Behauptung lässt sich am Beispiel *Hausaufgaben* leicht begründen:
Zum einen erlernst und trainierst du durch das regelmäßige Bearbeiten von Hausaufgaben Fertigkeiten, die dir selbstständiges Arbeiten und Denken ermöglichen.
Zum anderen kannst du deine Hausaufgaben für die tägliche Arbeit in der Schule und für die Vorbereitung von Prüfungen nutzen und so bessere Noten erzielen. Dadurch steigt dein Selbstbewusstsein. Wie du deine Hausaufgaben zur Verbesserung deiner Noten nutzen kannst, zeigen wir dir in diesem Kapitel.

Hausaufgaben bereiten eine Unterrichtsstunde vor oder sie greifen die Inhalte der vergangenen Unterrichtsstunde auf, um die Grundlagen für ein Weitergehen im Lernstoff zu vermitteln. Damit erhalten Hausaufgaben eine große Bedeutung für deine mündliche Mitarbeit.

Mit Hausaufgaben fit in die nächste Stunde

Zu Stundenbeginn solltest du nicht nur deine Hausaufgaben vorlegen können, du solltest dich auch genau daran erinnern können, was deine Hausaufgaben waren, wie du sie bearbeitet hast und was deine Ergebnisse sind.

Auf diese Weise bist du super vorbereitet und kannst dich im Laufe der Stunde ins Unterrichtsgeschehen einbringen, denn

- du hast dir zum Thema eine Meinung bilden können, die du vor den anderen vertreten kannst,
- du hast das Thema durchdrungen und kannst daher die Ideen, Argumente und Lösungswege deiner Mitschüler kritisch bewerten,
- du hast die Grundlagen für neue Lerninhalte geschaffen und kannst dich so an der Erarbeitung des neuen Stoffs aktiv beteiligen und
- du kannst das Gelernte und das Neue zueinander in Beziehung sehen und auf diese Weise Lerninhalte in Verbindung setzen oder voneinander abgrenzen.

Nutzt du all diese Möglichkeiten, werden deine Beiträge nicht nur sehr zahlreich, sondern außerdem sehr wertvoll sein. Deine mündlichen Noten werden es beweisen!

Achtung

Der Plan geht nur auf, wenn du tatsächlich top vorbereitet bist. Schau dir deine Hausaufgabe daher am Abend vorher noch einmal an, falls die Bearbeitung bereits einige Zeit zurückliegt.

Mit Hausaufgaben den Einstieg schaffen

Bist du in der mündlichen Mitarbeit eher zurückhaltend, muss dies selbstverständlich nicht an einer mangelnden Stundenvorbereitung liegen. Viele Schülerinnen und Schüler sind mündlich schwach, weil sie

- generell sehr still und zurückhaltend sind,
- einen Gedanken lieber zu Ende denken, bevor sie ihn laut äußern oder
- zunächst über das nachdenken, was die anderen beigetragen haben.

Bis sie dann bereit sind, ihren Beitrag zu liefern, hat sich das Unterrichtsgespräch häufig weiterentwickelt oder die gesuchte Lösung ist bereits gefunden worden.
Wenn es dir auch so geht, bieten dir Hausaufgaben einen guten Einstieg in die mündliche Beteiligung: Melde dich, wenn Hausaufgaben vorgestellt werden sollen. Du kannst dich auf diese Situation perfekt vorbereiten und es gibt keinen Grund abzuwarten oder sich zu verstecken!

Freiwillig besser vorbereiten

Selbst wenn es keine Hausaufgaben zu erledigen gibt, sind Hausaufgaben eine sichere Methode, um die mündliche Mitarbeit zu verbessern. Klingt unlogisch? Ist es aber nicht, denn du kannst dir selbst eine Hausaufgabe stellen:

Stunde wiederholen

Nahezu jede Unterrichtsstunde beginnt mit einer kurzen Wiederholung der vergangenen Stunde. Auf die Frage *„Was haben wir letzte Stunde gemacht"*, kannst du dich bereits zu Hause vorbereiten, um gleich zu Beginn des Unterrichts eine Antwort parat zu haben.

Freiwillige Referate machen

Ein freiwilliges Referat verbessert meist die mündliche Note. Diese zusätzliche Hausaufgabe solltest du nutzen, wenn du im Unterricht still und zurückhaltend bist. Sprich deine Lehrer darauf an!

Verständnisschwierigkeiten aufdecken

Deine Lehrer setzen Hausaufgaben auch ein um herauszufinden, ob ihr noch Probleme mit den aktuellen Lerninhalten habt oder nicht. Versuche auch du, dies herauszufinden!

Während der Bearbeitung der Hausaufgaben

An welchen Stellen es noch hakt, merkst du bei der Bearbeitung der Hausaufgaben am besten. Versuche zunächst selbst, die Schwierigkeiten zu überwinden, indem du dir Beispiele aus dem Lehrbuch oder aus dem Unterricht anschaust. Erst wenn das keinen Erfolg bringt, solltest du Hilfe bei Mitschülern oder Eltern holen – wie, das haben wir dir im vorangegangenen Kapitel erklärt. Nicht die Bearbeitung der Hausaufgabe, sondern das Stopfen deiner Wissenslücken sollte im Vordergrund stehen.

Die-Nummer-Sicher-Strategie

Erkläre deinem Helfer die Sachverhalte und lass ihn überprüfen, ob du alles richtig verstanden hast. Bearbeite anschließend freiwillig eine ähnliche Aufgabe um zu sehen, ob dir auch die Umsetzung gelingt.

Solltest du auch mit Hilfestellungen nicht weiterkommen, notiere dir möglichst genau, was du nicht kannst oder verstanden hast.

Nach der Bearbeitung der Hausaufgaben

Deine Lehrer haben nicht die Möglichkeit, alle Hausaufgaben im Detail zu begutachten. Andererseits sind genaue Rückmeldungen zu deinen Aufgaben wichtig. Durch sie erfährst du, welche Aufgabenteile du gut beherrschst und welche du trainieren musst. Das gilt vor allem für Aufgaben wie Aufsätze, die nicht komplett falsch oder richtig sein können. Es gibt zwei Möglichkeiten, wie du Rückmeldung zu *deiner* Hausaufgabe erhalten kannst:

- *Trage die Aufgabe vor!*
  Wenn die Hausaufgaben besprochen werden, solltest du sie vortragen. Bei der anschließenden Besprechung gilt es, die Ohren zu spitzen, denn es geht darum, was du demnächst wieder so machen solltest, was verbesserungswürdig ist und was du eventuell vergessen hast.
- *Gib die Hausaufgabe ab!*
  Wenn du keine Gelegenheit hattest, die Hausaufgabe vorzutragen, frag deinen Lehrer, ob er sie zu Hause nachschauen kann. So bekommst du eine „Deluxe-Kritik" vom Experten.

Lote deine Grenzen aus!

Wenn du keine Probleme mit der Bearbeitung der Hausaufgaben hattest, kannst du zusätzliche Aufgaben bearbeiten, z. B. die Sternchenaufgabe im Mathebuch. So findest du heraus, ob du das Thema zu 100 % verstanden hast und bereitest dich gleichzeitig auf die nächste Prüfung vor.

Auf Prüfungen vorbereiten

Hausaufgaben helfen dir, dich auf Prüfungen vorzubereiten, sowohl durch die Bearbeitung der Hausaufgaben selbst als auch durch das Verwenden der Hausaufgaben beim Lernen.

Warum machen Hausaufgaben schlau?

Wenn du regelmäßig Hausaufgaben machst, erwirbst du Wissen und verstehst ein Thema von Grund auf. Darüber hinaus erlernst du Haltungen und Fertigkeiten, die dir in Prüfungssituationen helfen.

Haltungen sind Eigenschaften wie Durchhaltevermögen, Frustrationstoleranz, Selbstvertrauen und Ehrgeiz. Durch sie bewältigst du schwierigste Aufgaben – zuhause und in Prüfungssituationen.

Fertigkeiten sorgen dafür, dass du auch mit neuen Anforderungen zurechtkommst. Du weißt, wie du dich konzentrieren, deine Zeit einteilen, Texte erschließen und Probleme lösen kannst – zuhause und in Prüfungssituationen.

Nutze Hausaufgaben zur Prüfungsvorbereitung!

Hausaufgaben sind der rote Faden durch den Lernstoff. Sie greifen die wesentlichen Inhalte auf und wiederholen relevante Verfahren. Damit sind sie sehr wertvoll für die Vorbereitung auf Klassenarbeiten. Die folgende Mind Map ist ein Beispiel dafür, wie du deine Hausaufgaben in die Strukturierung des Lernstoffs einbinden kannst.

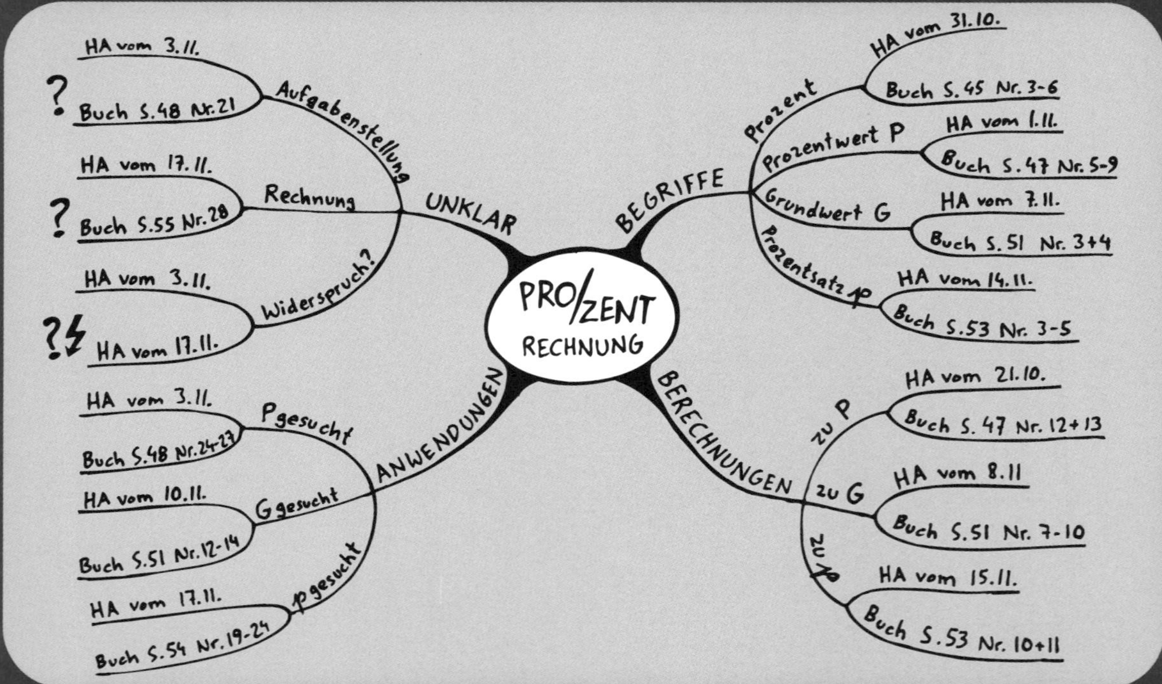

PRO/ZENT RECHNUNG
UNKLAR
Aufgabenstellung
HA vom 3.11.
?
Buch S.48 Nr.21
Rechnung
HA vom 17.11.
?
Buch S.55 Nr.28
Widerspruch?
HA vom 3.11.
HA vom 17.11.
ANWENDUNGEN
P gesucht
HA vom 3.11.
Buch S.48 Nr.24-27
G gesucht
HA vom 10.11.
Buch S.51 Nr.12-14
p gesucht
HA vom 17.11.
Buch S.54 Nr.19-24
BEGRIFFE
Prozent
HA vom 31.10.
Buch S.45 Nr.3-6
Prozentwert P
HA vom 1.11.
Buch S.47 Nr.5-9
Grundwert G
HA vom 7.11.
Buch S.51 Nr.3+4
Prozentsatz p
HA vom 14.11.
Buch S.53 Nr.3-5
BERECHNUNGEN
zu P
HA vom 21.10.
Buch S.47 Nr.12+13
zu G
HA vom 8.11
Buch S.51 Nr.7-10
zu p
HA vom 15.11.
Buch S.53 Nr.10+11

Erkenne, wohin der Hase läuft!

Mit Hilfe deiner Hausaufgaben kannst du die behandelten Unterrichtsinhalte wiederholen.

Unter Umständen geben dir nicht erteilte Hausaufgaben zusätzlich einen Hinweis auf die konkreten Inhalte der Klassenarbeit. In Fächern wie Fremdsprachen oder Mathe wurden Aufgaben aus dem Buch vielleicht für die Klassenarbeit aufgehoben. In Latein geben dir die Vokabeln eventuell einen Hinweis auf den Übersetzungstext und im Deutschunterricht wurden möglicherweise Texte oder Gedichte nur angesprochen, aber nicht ausführlich besprochen, weil du das in der Klassenarbeit tun sollst.

Zusammenfassung

Hausaufgaben haben eine große Bedeutung für deinen Erfolg in der Schule. Um deine Noten zu verbessern, kannst du sie auf vielfältige Weise nutzen:

- **Verbessere deine mündliche Mitarbeit, indem du dich durch Hausaufgaben auf den Unterricht vorbereitest und deine Hausaufgaben vorträgst.**
- **Spüre beim Bearbeiten der Hausaufgaben Verständnis- und Wissenslücken auf und schließe diese mit Hilfe deiner Eltern, Mitschüler oder Lehrer.**
- **Bereite dich auf Prüfungen vor, indem du deine Hausaufgaben zur Strukturierung der Lerninhalte einbeziehst. Bewahre den Blick für Wesentliches!**

Hausaufgabenvertrag

Du hast eine Menge Tipps erhalten, wie du die Art, Hausaufgaben zu machen, verbessern kannst. Jetzt liegt es an dir, diese Tipps auch in die Tat umzusetzen. Schließe den folgenden Hausaufgabenvertrag mit dir selbst ab, um es auch wirklich zu tun!

VERTRAG

ICH,

_______________________________,

VERPFLICHTE MICH HIERMIT, FOLGENDE MASSNAHMEN ZU ERGREIFEN, UM IN ZUKUNFT MIT MEINEN HAUSAUFGABEN BESSER KLAR ZU KOMMEN:

WAS?	BIS WANN?

- -

ORT, DATUM, UNTERSCHRIFT

Empfehlenswerte Bücher

Konnertz, Dirk & Konnertz, Christiane:
Klassenarbeiten – fit in 30 Minuten
Offenbach: GABAL Verlag 2005

Gemmer, Björn:
Konzentration – fit in 30 Minuten
Offenbach: GABAL Verlag 2001

Gemmer, Björn:
Kreativität – fit in 30 Minuten
Offenbach: GABAL Verlag 2001

Gemmer, Björn & Sauer, Christiane:
Mind Mapping – fit in 30 Minuten
Offenbach: GABAL Verlag 2001

Konnertz, Dirk & Sauer, Christiane:
Lernspaß – fit in 30 Minuten
Offenbach: GABAL Verlag 2000

Konnertz, Dirk & Sauer, Christiane:
Power-Gedächtnis – fit in 30 Minuten
Offenbach: GABAL Verlag 2000

Konnertz, Dirk & Seiwert, Lothar J.:
Zeitmanagement für Kids – fit in 30 Minuten
Offenbach: GABAL Verlag 2000

Stichwortregister